Pierre Kropotkine

LA MORALE ANARCHISTE

PARIS

Les TEMPS NOUVEAUX

140, RUE MOUFFETARD, 140

1889

BROCHURES ÉDITÉES PAR *LA RÉVOLTE*

Epuisées à l'heure actuelle, mais dont réimpression sera faite.

L'Esprit de révolte, *par Kropotkine* . . . . » 15
Le Salariat, *par Kropotkine* . . . . » 15
Evolution et Révolution, *par E. Reclus* . . . . » 15
Les Prisons, *par Kropotkine* . . . . » 15
Les Produits de la terre et les Produits de l'industrie, *par X.* . . . . » 15
Richesse et Misère, *par X.* . . . . » 15
Les hommes et les théories de l'Anarchie, *par Hamon* . . » 15
L'Anarchie dans l'évolution socialiste, *par Kropotkine* . . » 15
Aux Jeunes Gens, *par Kropotkine* . . . . » 15
Patrie et Internationalisme, *par Hamon* . . . . » 15

En dehors de l'album, nous avons :

Un repaire de malfaiteurs, *par Willaume* . . .	1 »	*franco*	1 15
L'Ecrasement, édit. par *An-Archist* d'Amsterdam	1 »	—	1 15
Le 11 novembre 1887, *eau-forte*	1 75	—	1 90
Bakounine, *portrait au burin par Barbottin* . . .	» 50	—	» 60
Proudhon, *portrait au burin par Barbottin* . . .	» 50	—	» 60
Un frontispice en couleur, *par Willaume*, pour le premier volume du Supplément	1 25	—	1 40

Brochures éditées par le groupe des *E. S. R. I.* :

Les Révolutionnaires au Congrès de Londres . . . . . . » 15
Réformes et Révolution . . . . » 20
L'Individu et le Communisme . . . . » 20
Comment l'Etat enseigne la morale 1 20
Misère et Mortalité . . . . » 20
Pourquoi nous sommes internationalistes . . . . » 20
Les Anarchistes et les Syndicats . . . . » 20
Le Rôle et les formes de la propagande socialiste, *par P. Lavroff* . . . . » 20

LA MORALE ANARCHISTE

I

L'histoire de la pensée humaine rappelle les oscillations du pendule, et ces oscillations durent déjà depuis des siècles. Après une longue période de sommeil arrive un moment de réveil. Alors la pensée s'affranchit des chaînes dont tous les intéressés — gouvernants, hommes de loi, clergé — l'avaient soigneusement entortillée. Elle les brise. Elle soumet à une critique sévère tout ce qu'on lui avait enseigné et met à nu le vide des préjugés religieux, politiques, légaux et sociaux, au sein desquels elle avait végété. Elle lance la recherche dans des voies inconnues, enrichit notre savoir de découvertes imprévues; elle crée des sciences nouvelles.

Mais l'ennemi invétéré de la pensée, — le gouvernant, l'homme de loi, le religieux — se relèvent bientôt de la défaite. Ils rassemblent peu à peu leurs forces disséminées; ils rajeunissent leur foi et leurs codes en les adaptant à quelques besoins nouveaux. Et profitant de ce servilisme du caractère et de la pensée qu'ils avaient si bien cultivé eux-mêmes, profitant de la désorganisation momentanée de la société, exploitant le besoin de repos des uns, la soif de s'enrichir des autres, les espérances trompées des troisièmes, — surtout les espérances trompées — ils se remettent doucement à leur œuvre en s'emparant d'abord de l'enfance par l'éducation.

L'esprit de l'enfant est faible, il est si facile de le soumettre par la terreur : c'est ce qu'ils font. Ils le rendent craintif, et alors ils lui parlent des tourments de l'enfer; ils font miroiter devant lui les souffrances de l'âme damnée, la vengeance d'un dieu implacable. Un moment après, ils lui parleront des horreurs de la Révolution, ils exploiteront un excès des révolutionnaires pour faire de l'enfant « un ami de l'ordre ». Le religieux l'habituera à l'idée de *loi* pour le faire mieux obéir à ce qu'il appellera la loi divine, et l'avocat lui parlera de loi divine pour le faire mieux obéir à la loi du code. Et la pensée de la génération suivante prendra ce pli religieux, ce pli autoritaire et servile en même temps, — autorité et servilisme marchent toujours la main dans la main — cette habitude de soumission que nous ne connaissons que trop chez nos contemporains.

Pendant ces périodes de sommeil, on discute rarement les questions de morale. Les pratiques religieuses, l'hypocrisie judiciaire en tiennent lieu. On ne critique pas, on se laisse mener par l'habitude, par l'indifférence. On ne se passionne ni pour ni contre la morale établie. On fait ce que l'on peut pour accommoder extérieurement ses actes à ce que l'on dit professer. Et le niveau moral de la société tombe de plus en plus. On arrive à la morale des Romains de la décadence, de l'ancien régime, de la fin du régime bourgeois.

Tout ce qu'il y avait de bon, de grand, de généreux, d'indépendant chez l'homme s'émousse peu à peu, se rouille comme un couteau resté sans usage. Le mensonge devient vertu ; la platitude, un devoir. S'enrichir, jouir du moment, épuiser son intelligence, son ardeur, son énergie, n'importe comment, devient le mot d'ordre des classes aisées, aussi bien que de la multitude des gens pauvres dont l'idéal est de paraître bourgeois. Alors la dépravation des gouvernants — du juge, du clergé et des classes plus ou moins aisées — devient si révoltante que l'autre oscillation du pendule commence.

La jeunesse s'affranchit peu à peu, elle jette les préjugés par-dessus bord, la critique revient. La pensée se réveille, chez quelques-uns d'abord ; mais insensiblement le réveil gagne le grand nombre. La poussée se fait, la révolution surgit.

Et chaque fois, la question de la morale revient sur le tapis. — « Pourquoi suivrais-je les principes de cette morale hypocrite ? » se demande le cerveau qui s'affranchit des terreurs religieuses. — « Pourquoi n'importe quelle morale serait-elle obligatoire ? »

On cherche alors à se rendre compte de ce sentiment moral que l'on rencontre à chaque pas, sans l'avoir encore expliqué, et que l'on n'expliquera jamais tant qu'on le croira un privilège de la nature humaine, tant qu'on ne descendra pas jusqu'aux animaux, aux plantes, aux rochers pour le comprendre. On cherche cependant à se l'expliquer selon la science du moment.

Et — faut-il le dire ? — plus on sape les bases de la morale établie, ou plutôt de l'hypocrisie qui en tient lieu — plus le niveau moral se relève dans la société. C'est à ces époques surtout, précisément quand on le critique et le nie, que le sentiment moral fait les progrès les plus rapides ; c'est alors qu'il croît, s'élève, se raffine.

On l'a vu au dix-huitième siècle. Dès 1723, Mandeville, l'auteur anonyme qui scandalisa l'Angleterre par sa « Fable des Abeilles » et les commentaires qu'il y ajouta, attaquait en face l'hypocrisie sociale connue sous le nom de morale. Il montrait comment les coutumes soi-disant morales ne sont qu'un masque hypocrite; comment les passions, que l'on croit maîtriser par le code de morale courante, prennent au contraire une direction d'autant plus mauvaise, à cause des restrictions mêmes de ce code. Comme Fourier le fit plus tard, il demandait place libre aux passions, sans quoi elles dégénèrent en autant de vices; et, payant en cela un tribut au manque de connaissances zoologiques de son temps, c'est-à-dire oubliant la morale des animaux, il expliquait l'origine des idées morales de l'humanité par la flatterie intéressée des parents et des classes dirigeantes.

On connaît la critique vigoureuse des idées morales faite plus tard par les philosophes écossais et les encyclopédistes. On connaît les anarchistes de 1793 et l'on sait chez qui l'on trouve le plus haut développement du sentiment moral : chez les légistes, les patriotes, les jacobins qui chantaient l'obligation et la sanction morale par l'Être suprême, ou chez les athéistes hébertistes qui niaient, comme l'a fait récemment Guyau, et l'obligation et la sanction de la morale.

— « Pourquoi serai-je moral ? » Voilà donc la question que se posèrent les rationalistes du douzième siècle, les philosophes du seizième siècle, les philosophes et les révolutionnaires du dix-huitième siècle. Plus tard, cette question revint de nouveau chez les utilitariens anglais (Bentham et Mill), chez les matérialistes allemands tels que Büchner, chez les nihilistes russes des années 1860-70, chez ce jeune fondateur de l'éthique anarchiste (la science de la morale des sociétés) — Guyau — mort malheureusement trop tôt ; voilà, enfin, la question que se posent en ce moment les jeunes anarchistes français.

Pourquoi, en effet?

Il y a trente ans, cette même question passionna la jeunesse russe. — « Je serai immoral », venait dire un jeune nihiliste à son ami, traduisant en un acte quelconque les pensées qui le tourmentaient. — « Je serai immoral, et pourquoi ne le serai-je pas?

— « Parce que la Bible le veut? Mais la Bible n'est qu'une collection de traditions babyloniennes et judaïques — traditions collectionnées comme le furent les chants d'Homère ou comme on le fait encore pour les chants basques ou les légendes mongoles! Dois-je donc revenir à l'état d'esprit des peuples à demi barbares de l'Orient?

« Le serai-je parce que Kant me parle d'un *catégorique impératif*, d'un ordre mystérieux qui me vient du fond de moi-même et qui m'ordonne d'être moral? Mais pourquoi ce « catégorique impératif » aurait-il plus de droits sur mes actes que cet autre impératif qui, de temps en temps, me donnera l'ordre de me soûler? Un *mot*, rien qu'un mot, tout comme celui de Providence ou de Destin, inventé pour couvrir notre ignorance!

— « Ou bien serai-je moral pour faire plaisir à Bentham qui veut me faire croire que je serai plus heureux si je me noie pour sauver un passant tombé dans la rivière que si je le regarde se noyer?

— « Ou bien encore, parce que mon éducation est telle? parce que ma mère m'a enseigné la morale? Mais alors, devrai-je aussi m'agenouiller devant la peinture d'un christ ou d'une madone, respecter le roi ou l'empereur, m'incliner devant le juge que je sais être un coquin, seulement parce que ma mère, — nos mères à nous tous — très bonnes, mais très ignorantes, nous ont enseigné un tas de bêtises?

« Préjugés, comme tout le reste, je travaillerai à m'en défaire. S'il me répugne d'être immoral, je me forcerai de l'être, comme, adolescent, je me forçais à ne pas craindre l'obscurité, le cimetière, les fantômes et les morts, dont on m'avait inspiré la crainte. Je le ferai pour briser une arme exploitée par les religions ; je le ferai, enfin, ne serait-ce que pour protester contre l'hypocrisie que l'on prétend nous imposer au nom d'un *mot*, auquel on a donné le nom de moralité. »

Voilà le raisonnement que la jeunesse russe se faisait au moment où elle rompait avec les préjugés du « vieux monde » et arborait ce drapeau du nihilisme, ou plutôt de la philosophie anarchiste : « Ne se courber devant *aucune* autorité, si respectée qu'elle soit ; n'accepter aucun principe, tant qu'il n'est pas établi par la raison. »

Faut-il ajouter qu'après avoir jeté au panier l'enseignement moral de leurs pères et brûlé tous les systèmes de morale, la jeunesse nihiliste a développé dans son sein un noyau de *coutumes* morales, infiniment supérieures à tout ce que leurs pères avaient jamais pratiqué sous la tutelle de l'Evangile, de la « conscience », du « catégorique impératif », ou de « l'intérêt bien compris » des utilitaires ?

Mais avant de répondre à cette question : « Pourquoi serai-je moral ? » voyons d'abord si la question même est bien posée ; analysons les motifs des actes humains.

II

Lorsque nos aïeux voulaient se rendre compte de ce qui pousse l'homme à agir d'une façon ou d'une autre, ils y arrivaient d'une façon bien simple. On peut voir jusqu'à présent des images catholiques qui représentent leur explication. Un homme marche à travers champs et, sans s'en douter le moins du monde, il porte un ange sur son épaule gauche et un ange sur son épaule droite. Le diable le pousse à faire le mal, l'ange cherche à l'en retenir. Et si l'ange a eu le dessus, et l'homme est resté vertueux, trois autres anges s'emparent de lui et l'emportent vers les cieux. Tout s'explique ainsi à merveille.

Nos vieilles bonnes d'enfants, bien renseignées sur ce chapitre, vous diront qu'il ne faut jamais mettre un enfant au lit sans déboutonner le col de sa chemise. Il faut laisser ouverte, à la base du cou, une place bien chaude, où l'ange gardien puisse se capitonner. Sans cela, le diable tourmenterait l'enfant jusque dans son sommeil.

Ces conceptions naïves s'en vont. Mais si les vieux mots disparaissent, l'essence reste toujours la même.

La gent éduquée ne croit plus au diable ; mais, comme ses idées ne sont pas plus rationnelles que celles de nos bonnes d'enfants, elle déguise le diable et l'ange sous un verbiage scolastique, honoré du nom de philosophie. Au lieu de « diable », on dira aujourd'hui « la chair, les passions ». « L'ange » sera remplacé par les mots « conscience, ou âme », — « reflet de la pensée d'un Dieu créateur », ou du « grand architecte », — comme disent les francs-maçons. Mais les actes de l'homme sont toujours représentés comme le résultat d'une lutte entre deux éléments hostiles. Et toujours, l'homme est considéré d'autant plus vertueux que l'un de ces deux éléments — l'âme ou la conscience — aura remporté plus de victoires sur l'autre élément — la chair ou les passions.

On comprend facilement l'étonnement de nos grands-pères lorsque les philosophes anglais, et plus tard les encyclopédistes, vinrent affirmer, contrairement à ces conceptions primitives, que le diable et l'ange n'ont rien à voir dans les actions humaines, mais que toutes les actions de l'homme bonnes ou mauvaises, utiles ou nuisibles, dérivent d'un seul motif : la recherche du plaisir.

Toute la confrérie religieuse et surtout la tribu nombreuse des pharisiens crièrent à l'immoralité. On couvrit les penseurs d'invectives, on les excommunia. Et lorsque plus tard, dans le courant de notre siècle, les mêmes idées furent reprises par Bentham, John Stuart Mill, Tchernychevsky, et tant d'autres, et que ces penseurs vinrent affirmer et prouver que l'égoïsme, ou la recherche du plaisir, est le vrai motif de toutes nos actions, les malédictions redoublèrent. On fit contre leurs livres la conspiration du silence, on en traita les auteurs d'ignares.

Et cependant, que peut-il y avoir de plus vrai que cette affirmation?

Voilà un homme qui enlève le dernier morceau de pain à l'enfant. Tout le monde s'accorde à dire qu'il est un affreux égoïste, qu'il est guidé exclusivement par *l'amour de soi-même.*

Mais voici un autre homme, que l'on s'accorde à reconnaître vertueux. Il partage son dernier morceau de pain avec celui qui a faim, il ôte son vêtement pour le donner à celui qui a froid. Et les moralistes, parlant toujours le jargon religieux, s'empressent de dire que cet homme pousse l'amour du prochain jusqu'à *l'abnégation de soi-même*, qu'il obéit à une passion tout autre que celle de l'égoïste.

Et cependant, en y réfléchissant un peu, on découvre bien vite que, si différentes que soient les deux actions comme résultat pour l'humanité, *le mobile* a toujours été le même. C'est la recherche du plaisir.

Si l'homme qui donne sa dernière chemise n'y trouvait pas de plaisir, il ne le ferait pas. S'il trouvait plaisir à enlever le pain à l'enfant, il le ferait; mais cela lui répugne, il trouve plaisir à donner son pain; et il le donne.

S'il n'y avait pas inconvénient à créer de la confusion, en employant des mots qui ont une signification établie pour leur donner un sens nouveau, on dirait que l'un et l'autre agissent sous l'impulsion de leur *égoïsme*. D'aucuns l'ont dit réellement, afin de mieux faire ressortir la pensée, de préciser l'idée en la présentant sous une forme qui frappe l'imagination — et de détruire en même temps la légende qui consiste à dire que ces deux actes ont deux motifs différents. — Ils ont le même motif de rechercher le plaisir, ou bien d'éviter une peine, ce qui revient au même.

Prenez le dernier des coquins : un Thiers, qui massacre trente-cinq mille Parisiens; prenez l'assassin qui égorge toute une famille pour se vautrer dans la débauche. Ils le font, parce que, en ce moment, le désir de gloire, ou bien celui de l'argent, priment chez eux tous les autres désirs : la pitié, la compassion même, sont éteintes en ce moment par cet autre désir, cette autre soif. Ils agissent presque en automates, *pour satisfaire un besoin de leur nature.*

Ou bien, laissant de côté les fortes passions, prenez l'homme petit, qui trompe ses amis, qui ment à chaque pas, soit pour soutirer à quelqu'un la valeur d'une chope, soit par vantardise, soit par ruse. Prenez le bourgeois qui vole sou à sou ses ouvriers pour acheter une parure à sa femme ou à sa maîtresse. Prenez n'importe quel petit coquin. Celui-là encore ne fait qu'obéir à un penchant : il cherche la satisfaction d'un besoin, il cherche à éviter ce qui, pour lui, serait une peine.

On a presque honte de comparer ce petit coquin à quelqu'un qui sacrifie toute son existence pour la libération des opprimés, et monte à l'échafaud, comme une nihiliste russe, tant les résultats de ces deux existences sont différents pour l'humanité ; tant nous nous sentons attirés vers l'une et repoussés par l'autre.

Et cependant, si vous parliez à ce martyr, à la femme que l'on va pendre, lors même qu'elle va monter à l'échafaud, elle vous dirait qu'elle ne donnerait ni sa vie de bête traquée par les chiens du tsar, ni sa mort, en échange de la vie du petit coquin qui vit de sous volés aux travailleurs. Dans son existence, dans la lutte contre les monstres puissants, elle trouve ses plus hautes jouissances. Tout le reste, en dehors de cette lutte, toutes les petites joies du bourgeois et ses petites misères lui semblent si mesquines, si ennuyeuses, si tristes ! — « Vous ne *vivez* pas, vous végétez, répondrait-elle ; moi, j'ai vécu ! »

Nous parlons évidemment des actes réfléchis, conscients de l'homme, en nous réservant de parler plus tard de cette immense série d'actes inconscients, presque machinaux, qui remplissent une part si immense de notre vie. Eh bien ! dans ses actes conscients ou réfléchis, l'homme recherche toujours ce qui lui fait plaisir.

Un tel se soûle et se réduit chaque jour à l'état de brute, parce qu'il cherche dans le vin l'excitation nerveuse qu'il ne trouve pas dans son système nerveux. Tel autre ne se soûle pas, il renonce au vin, lors même qu'il y trouve plaisir, pour conserver la fraîcheur de la pensée et la plénitude de ses forces, afin de pouvoir goûter d'autres plaisirs qu'il préfère à ceux du vin. Mais, que fait-il, sinon agir comme le gourmet qui, après avoir parcouru le menu d'un grand dîner, renonce à un plat qu'il aime cependant pour se gorger d'un autre plat qu'il lui préfère ?

Quoi qu'il fasse, l'homme recherche toujours un plaisir, ou bien il évite une peine.

Lorsqu'une femme se prive du dernier morceau de pain pour le donner au premier venu, lorsqu'elle ôte sa dernière loque pour en couvrir une autre femme qui a froid, et grelotte elle-même sur le pont du navire, elle le fait parce qu'elle souffrirait infiniment plus de voir un homme qui a faim ou une femme qui a froid, que de grelotter elle-même ou de souffrir elle-même la faim. Elle évite une peine, dont ceux seuls qui l'ont sentie eux-mêmes peuvent apprécier l'intensité.

Quand cet Australien, cité par Guyau, dépérit à l'idée qu'il n'a pas encore vengé la mort de son parent ; quand il s'étiole, rongé par la conscience de sa lâcheté, et ne revient à la vie qu'après avoir accompli l'acte de vengeance, il fait un acte, parfois héroïque, pour se débarrasser d'un sentiment qui l'obsède, pour reconquérir la paix intérieure qui est le suprême plaisir.

Quand une troupe de singes a vu l'un des siens tomber sous la balle du chasseur, et vient assiéger sa tente pour lui réclamer le cadavre, malgré les menaces du fusil; lorsque enfin le vieux de la bande entre carrément, menace d'abord le chasseur, le supplie ensuite et le force enfin par ses lamentations à lui restituer le cadavre, et que la troupe l'emporte avec gémissements dans la forêt, les singes obéissent à un sentiment de condoléance plus fort que toutes les considérations de sécurité personnelle. Ce sentiment prime en eux tous les autres. La vie même perd pour eux ses attraits, tant qu'ils ne se sont pas assurés qu'ils ne peuvent plus ramener leur camarade à la vie. Ce sentiment devient si oppressif que les pauvres bêtes risquent tout pour s'en débarrasser.

Lorsque les fourmis se jettent par milliers dans les flammes d'une fourmilière que cette bête méchante, l'homme, a allumée, et périssent par centaines pour sauver leurs larves, elles obéissent encore à un besoin, celui de sauver leur progéniture. Elles risquent tout pour avoir le plaisir d'emporter ces larves qu'elles ont élevées avec plus de soins que mainte bourgeoise n'a élevé ses enfants.

Enfin, lorsqu'un infusoire évite un rayon trop fort de chaleur, et va rechercher un rayon tiède, ou lorsqu'une plante tourne ses fleurs vers le soleil, ou referme ses feuilles à l'approche de la nuit, — ces êtres obéissent encore au besoin d'éviter la peine et de rechercher le plaisir — tout comme la fourmi, le singe, l'Australien, le martyr chrétien ou le martyr anarchiste.

Rechercher le plaisir, éviter la peine, c'est le fait général (d'autres diraient la *loi*) du monde organique. C'est l'essence même de la vie.

Sans cette recherche de l'agréable, la vie même serait impossible. L'organisme se désagrégerait, la vie cesserait.

Ainsi, quelle que soit l'action de l'homme, quelle que soit sa ligne de conduite, *il le fait toujours pour obéir à un besoin de sa nature.* L'acte le plus répugnant, comme l'acte indifférent ou le plus attrayant, sont tous également dictés par un besoin de l'individu. En agissant d'une manière ou d'une autre, l'individu agit ainsi parce qu'il y trouve un plaisir, parce qu'il évite de cette manière ou croit éviter une peine.

Voilà un fait parfaitement établi; voilà l'essence de ce que l'on a appelé la théorie de l'égoïsme.

Eh bien, sommes-nous plus avancé après être arrivé à cette conclusion générale?

— Oui, certes, nous le sommes. Nous avons conquis une vérité et détruit un préjugé qui est à la racine de tous les préjugés. Toute la philosophie matérialiste, dans ses rapports avec l'homme, est dans cette conclusion. Mais, s'ensuit-il que tous les actes de l'individu soient indifférents, ainsi qu'on s'est empressé d'en conclure ? — C'est ce que nous allons voir.

III

Nous avons vu que les actions de l'homme, réfléchies ou conscientes, — plus tard nous parlerons des habitudes inconscientes — ont toutes la même origine. Celles que l'on appelle vertueuses et celles que l'on dénomme vicieuses, les grands dévouements comme les petites escroqueries, les actes attrayants aussi bien que les actes répulsifs dérivent tous de la même source. Tous sont faits pour répondre à un besoin de la nature de l'individu. Tous ont pour but la recherche du plaisir, le désir d'éviter une peine.

Nous l'avons vu dans le chapitre précédent qui n'est qu'un résumé très succinct d'une masse de faits qui pourraient être cités à l'appui.

On comprend que cette explication fasse pousser des cris à ceux qui sont encore imbus de principes religieux. Elle ne laisse pas de place au surnaturel; elle abandonne l'idée de l'âme immortelle. Si l'homme n'agit toujours qu'en obéissant aux besoins de sa nature, s'il n'est, pour ainsi dire, qu'un « automate conscient », que devient l'âme immortelle? que devient l'immortalité, — ce dernier refuge de ceux qui n'ont connu que peu de plaisirs et trop de souffrances et qui rêvent de trouver une compensation dans l'autre monde?

On comprend que, grandis dans les préjugés, peu confiants dans la science qui les a si souvent trompés, guidés par le sentiment plutôt que par la pensée, ils repoussent une explication qui leur ôte le dernier espoir.

Mais que dire de ces révolutionnaires qui, depuis le siècle passé jusqu'à nos jours, chaque fois qu'ils entendent pour la première fois une explication naturelle des actions humaines (la théorie de l'égoïsme si l'on veut) s'empressent d'en tirer la même conclusion que le jeune nihiliste dont nous parlions au début et qui s'empressent de crier : « A bas la morale ! »

Que dire de ceux qui, après s'être persuadés que l'homme n'agit d'une manière ou d'une autre que pour répondre à un besoin de sa nature, s'empressent d'en conclure que *tous les actes sont indifférents ;* qu'il n'y a plus ni *bien,* ni *mal;* que sauver, au risque de sa vie, un homme qui se noie, ou le noyer pour s'emparer de sa montre, sont deux actes qui se valent; que le martyr mourant sur l'échafaud pour avoir travaillé à affranchir l'humanité, et le petit coquin volant ses camarades, se valent l'un et l'autre — puisque tous les deux cherchent à se procurer un plaisir?

Si encore ils ajoutaient qu'il ne doit y avoir ni bonne ni mauvaise odeur; ni parfum de la rose ni puanteur de l'*assa fœtida*, parce que l'un et l'autre ne sont que des vibrations de molécules; qu'il n'y a ni bon ni mauvais goût parce que l'amertume de la quinine et la douceur d'une goyave ne sont encore que des vibrations moléculaires; qu'il n'y a ni beauté ni laideur physiques, ni intelligence ni imbécillité, parce que beauté et laideur, intelligence ou imbécillité ne sont encore que des résultats de vibrations chimiques et physiques s'opérant dans les cellules de l'organisme ; s'ils ajoutaient cela, on pourrait encore dire qu'ils radotent, mais qu'ils ont, au moins, la logique du fou.

Mais, puisqu'ils ne le disent pas, — que pouvons-nous en conclure?

Notre réponse est simple. Mandeville qui raisonnait de cette façon en 1723 dans la « Fable des Abeilles », le nihiliste russe des années 1860-70, tel anarchiste parisien de nos jours raisonnent ainsi parce que, sans s'en rendre compte, ils restent toujours embourbés dans les préjugés de leur éducation chrétienne. Si athéistes, si matérialistes ou si anarchistes qu'ils se croient, ils raisonnent exactement comme raisonnaient les pères de l'Eglise ou les fondateurs du bouddhisme.

Ces bons vieux nous disaient en effet : « L'acte sera *bon* s'il représente une victoire de l'âme sur la chair ; il sera *mauvais* si c'est la chair qui a pris le dessus sur l'âme; il sera indifférent si ce n'est ni l'un ni l'autre. *Il n'y a que cela pour juger si l'acte est bon ou mauvais.* » Et nos jeunes amis de répéter après les pères chrétiens et bouddhistes : « Il n'y a que cela pour juger si l'acte est bon ou mauvais. »

Les pères de l'Église disaient : « Voyez les bêtes; elles n'ont pas d'âme immortelle; leurs actes sont simplement faits pour répondre à un des besoins de leur nature; *c'est pourquoi* il ne peut y avoir chez les bêtes ni bons ni mauvais actes; tous sont indifférents; et c'est pourquoi il n'y aura pour les bêtes ni paradis ni enfer — ni récompense ni châtiment. » Et nos jeunes amis de reprendre le refrain de saint Augustin et de saint Çakyamouni et de dire : « L'homme n'est qu'une bête, ses actes sont simplement faits pour répondre à un besoin de sa nature; *c'est pourquoi* il ne peut y avoir pour l'homme ni bons ni mauvais actes. Ils sont tous indifférents. »

C'est toujours cette maudite idée de punition et de châtiment qui se met en travers de la raison ; c'est toujours cet héritage absurde de l'enseignement religieux professant qu'un acte est bon s'il vient d'une inspiration surnaturelle et indifférent si l'origine surnaturelle lui manque. C'est encore et toujours, chez ceux même qui en rient le plus fort, l'idée de l'ange sur l'épaule droite et du diable sur l'épaule gauche. « Chassez le diable et l'ange et je ne saurai plus vous dire si tel acte est bon ou mauvais, car je ne connais pas d'autre raison pour le juger. »

Le curé est toujours là, avec son diable et son ange et tout le vernis matérialiste ne suffit pas pour le cacher. Et, ce qui est pire encore, le juge, avec ses distributions de fouet aux uns et ses récompenses civiques pour les autres, est toujours là, et les principes mêmes de l'anarchie ne suffisent pas pour déraciner l'idée de punition et de récompense.

Eh bien, nous ne voulons ni du curé ni du juge. Et nous disons simplement : « L'*assa fœtida* pue, le serpend me mord, le menteur me trompe ? La plante, le reptile et l'homme, tous trois, obéissent à un besoin de la nature. Soit ! Eh bien, moi, j'obéis aussi à un besoin de ma nature en haïssant la plante qui pue, la bête qui tue par son venin et l'homme qui est encore plus venimeux que la bête. Et j'agirai en conséquence, sans m'adresser pour cela ni au diable, que je ne connais d'ailleurs pas, ni au juge que je déteste bien plus encore que le serpent. Moi, et tous ceux qui partagent mes antipathies, nous obéissons aussi à un besoin de notre nature. Et nous verrons lequel des deux a pour lui la raison et, partant, la force. »

C'est ce que nous allons voir, et par cela même nous verrons que si les saint Augustin n'avaient pas d'autre base pour distinguer entre le bien et le mal, le monde animal en a une autre bien plus efficace. Le monde animal en général, depuis l'insecte jusqu'à l'homme, sait parfaitement ce qui est bien et ce qui est mal, sans consulter pour cela ni la bible ni la philosophie. Et s'il en est ainsi, la cause en est encore dans les besoins de leur nature : dans la préservation de la race et, partant, dans la plus grande somme possible de bonheur pour chaque individu.

IV

Pour distinguer entre ce qui est *bien* et ce qui est *mal*, les théologiens mosaïques, bouddhistes, chrétiens et musulmans avaient recours à l'inspiration divine. Ils voyaient que l'homme, qu'il soit sauvage ou civilisé, illettré ou savant, pervers ou bon et honnête, sait toujours s'il agit bien ou s'il agit mal, et le sait surtout quand il agit mal ; mais, ne trouvant pas d'explication à ce fait général, ils y ont vu une inspiration divine. Les philosophes métaphysiciens nous ont parlé à leur tour de conscience, d'impératif mystique, ce qui d'ailleurs n'était qu'un changement de mots.

Mais ni les uns ni les autres n'ont su constater ce fait si simple et si frappant que les animaux vivant en sociétés savent aussi distinguer entre le bien et le mal, tout à fait comme l'homme. Et, ce qui est plus, que leurs conceptions sur le bien et le mal sont absolument du même genre que celles de l'homme. Chez les représentants les mieux développés de chaque classe séparée — poissons, insectes, oiseaux, mammifères — elles sont même identiques.

Les penseurs du dix-huitième siècle l'avaient bien remarqué, mais on l'a oublié depuis, et c'est à nous qu'il revient maintenant de faire ressortir toute l'importance de ce fait.

Forel, cet observateur inimitable des fourmis, a démontré par une masse d'observations et de faits, que lorsqu'une fourmi, qui a bien rempli de miel son jabot, rencontre d'autres fourmis au ventre vide, celles-ci lui demandent immédiatement à manger. Et parmi ces petits insectes, c'est un devoir pour la fourmi rassasiée de dégorger le miel, afin que les amis qui ont faim puissent s'en rassasier à leur tour. Demandez aux fourmis s'il serait bien de refuser la nourriture aux autres fourmis de la même fourmilière quand on a eu sa part? Elles vous répondront, par des actes qu'il est impossible de ne pas comprendre, que ce serait très mal. Une fourmi aussi égoïste serait traitée plus durement que des ennemis d'une autre espèce. Si cela arrivait pendant un combat entre deux espèces différentes, on abandonnerait la lutte pour s'acharner contre cette égoïste. Ce fait est démontré par des expériences qui ne laissent aucun doute.

Ou bien, demandez aux moineaux qui habitent votre jardin s'il est bien de ne pas avertir toute la petite société que vous avez jeté quelques miettes de pain dans le jardin, afin que tous puissent participer au repas. Demandez-leur si tel friquet a bien agi en volant au nid de son voisin les brins de paille que celui-ci avait ramassés et que le pillard ne veut pas se donner la peine de ramasser lui-même. Et les moineaux vous répondront que c'est très mal, en se jetant tous sur le voleur et en le poursuivant à coups de bec.

Demandez encore aux marmottes si c'est bien de refuser l'accès de son magasin souterrain aux autres marmottes de la même colonie, et elles vous répondront que c'est très mal, en faisant toute sorte de chicanes à l'avare.

Demandez enfin à l'homme primitif, au Tchouktche, par exemple, si c'est bien de prendre à manger dans la tente d'un des membres de la tribu en son absence. Et il vous répondra que si l'homme pouvait lui-même se procurer sa nourriture, c'eût été très mal. Mais s'il était fatigué ou dans le besoin, il devait prendre la nourriture là où il la trouvait; mais que, dans ce cas, il eût bien fait de laisser son bonnet ou son couteau, ou bien même un bout de ficelle avec un nœud, afin que le chasseur absent puisse savoir en rentrant qu'il a eu la visite d'un ami et non d'un maraudeur. Cette précaution lui eût évité les soucis que lui donnerait la présence possible d'un maraudeur aux environs de sa tente.

Des milliers de faits semblables pourraient être cités; des livres entiers pourraient être écrits pour montrer combien les conceptions du bien et du mal sont identiques chez l'homme et chez les animaux.

La fourmi, l'oiseau, la marmotte et le Tchouktche sauvage n'ont lu ni Kant ni les saints Pères, ni même Moïse. Et cependant, tous ont la même idée du bien et du mal. Et si vous réfléchissez un moment sur ce qu'il y a au fond de cette idée, vous verrez sur-le-champ que ce qui est réputé *bon* chez les fourmis, les marmottes et les moralistes chrétiens ou athées, c'est ce qui est *utile* pour la préservation de la race — et ce qui est réputé *mauvais*, c'est ce qui lui est *nuisible*. Non pas pour l'individu, comme disaient Bentham et Mill, mais bel et bien pour la race entière.

L'idée du bien et du mal n'a ainsi rien à voir avec la religion ou la conscience mystérieuse : c'est un besoin naturel de races animales. Et quand les fondateurs des religions, les philosophes et les moralistes nous parlent d'entités divines ou métaphysiques, ils ne font que ressasser ce que chaque fourmi, chaque moineau pratiquent dans leurs petites sociétés :

Est-ce utile à la société? Alors c'est *bon.* — Est-ce *nuisible?* alors c'est *mauvais.*

Cette idée peut être très rétrécie chez les animaux inférieurs, ou bien elle s'élargit chez les animaux les plus avancés, mais son essence reste toujours la même.

Chez les fourmis, elle ne sort pas de la fourmilière. Toutes les coutumes sociables, toutes les règles de bienséance ne sont applicables qu'aux individus de la même fourmilière. Il faut dégorger la nourriture aux membres de la fourmilière — jamais aux autres. Une fourmilière ne fera pas une seule famille avec une autre fourmilière, à moins de circonstances exceptionnelles, telle que la détresse commune à toutes les deux. De même les moineaux du Luxembourg, tout en se supportant mutuellement d'une manière frappante, feront une guerre acharnée à un moineau du square Monge qui oserait s'aventurer au Luxembourg. Et le Tchouktche considérera un Tchouktche d'une autre tribu comme un personnage auquel les usages de la tribu ne s'appliquent pas. Il est même permis de lui vendre (vendre, c'est toujours plus ou moins voler l'acheteur : sur les deux, il y en a toujours un de dupe), tandis que ce serait un crime de vendre aux membres de sa tribu : à ceux-ci on *donne* sans jamais compter. Et l'homme civilisé, comprenant enfin les rapports intimes, quoique imperceptibles au premier coup d'œil, entre lui et le dernier des Papouas, étendra ses principes de solidarité sur toute l'espèce humaine et même sur les animaux. L'idée s'élargit, mais le fond reste toujours le même.

D'autre part, la conception du bien ou du mal varie selon le degré d'intelligence ou de connaissance acquises. Elle n'a rien d'immuable.

L'homme primitif pouvait trouver très *bon*, c'est-à-dire très utile à la race, de manger ses vieux parents quand ils devenaient une charge (très lourde au fond) pour la communauté. Il pouvait aussi trouver bon — c'est-à-dire toujours utile pour la communauté — de tuer ses enfants nouveau-nés et de n'en garder que deux ou trois par famille afin que la mère pût les allaiter jusqu'à l'âge de trois ans et leur prodiguer sa tendresse.

Aujourd'hui, les idées ont changé ; mais les moyens de subsistance ne sont plus ce qu'ils étaient dans l'âge de pierre. L'homme civilisé n'est pas dans la position de la famille sauvage qui avait à choisir entre deux maux : ou bien manger les vieux parents, ou bien se nourrir tous insuffisamment et bientôt se trouver réduits à ne plus pouvoir nourrir ni les vieux parents ni la jeune famille. Il faut bien se transporter dans ces âges que nous pouvons à peine évoquer dans notre esprit, pour comprendre que, dans les circonstances d'alors, l'homme demi-sauvage pouvait raisonner assez juste.

Les raisonnements peuvent changer. L'appréciation de ce qui est utile ou nuisible à la race change, mais le fond reste immuable. Et si l'on voulait mettre toute cette philosophie du règne animal en une seule phrase, on verrait que fourmis, oiseaux, marmottes et hommes sont d'accord sur un point.

Les chrétiens disaient: « *Ne fais pas* aux autres ce que tu ne veux pas qu'on te fasse à toi. » Et ils ajoutaient: « Sinon, tu seras expédié dans l'enfer! » .

La moralité qui se dégage de l'observation de tout l'ensemble du règne animal, supérieure de beaucoup à la précédente, peut se résumer ainsi: « *Fais* aux autres ce que tu voudrais qu'ils te fassent dans les mêmes circonstances. »

Et elle ajoute:

« Remarque bien que ce n'est qu'un *conseil;* mais ce conseil est le fruit d'une longue expérience de la vie des animaux en sociétés et chez l'immense masse des animaux vivant en sociétés, l'homme y compris, agir selon ce principe a passé à l'état d'*habitude.* Sans cela, d'ailleurs, aucune société ne pourrait exister, aucune race ne pourrait vaincre les obstacles naturels contre lesquels elle a à lutter. »

Ce principe si simple est-il bien ce qui se dégage de l'observation des animaux sociables et des sociétés humaines? Est-il applicable? Et comment ce principe passe-t-il à l'état d'habitude et se développe toujours? C'est ce que nous allons voir maintenant.

V

L'idée du bien et du mal existe dans l'humanité. L'homme, quelque degré de développement intellectuel qu'il ait atteint, quelque obscurcies que soient ses idées par les préjugés et l'intérêt personnel, considère généralement comme *bon ce qui est utile à la société dans laquelle il vit,* et comme mauvais ce qui lui est nuisible.

Mais d'où vient cette conception, très souvent si vague qu'à peine pourrait-on la distinguer d'un sentiment? Voilà des millions et des millions d'êtres humains qui jamais n'ont réfléchi à l'espèce humaine. Ils n'en connaissent, pour la plupart, que le clan, ou la famille, rarement la nation — et encore plus rarement l'humanité, — comment se peut-il qu'ils puissent considérer comme bon ce qui est utile à l'espèce humaine, ou même arriver à un sentiment de solidarité avec leur clan, malgré leurs instincts étroitement égoïstes?

Ce fait a beaucoup occupé les penseurs de tout temps. Il continue de les occuper, et il ne se passe pas d'année que des livres ne soient écrits sur ce sujet. A notre tour nous allons donner notre vue des choses; mais relevons en passant que si *l'explication* du fait peut varier, le fait lui-même n'en reste pas moins incontestable; et lors même que notre explication ne serait pas encore la vraie, ou qu'elle ne serait pas complète, le fait, avec ses conséquences pour l'homme, resterait toujours. Nous pouvons ne pas nous expliquer entièrement l'origine des planètes qui roulent autour du soleil, — les planètes rouleront néanmoins, et l'une nous emporte avec elle dans l'espace.

Nous avons déjà parlé de l'explication religieuse. Si l'homme distingue entre le bien et le mal, disent les hommes religieux, c'est que Dieu lui a inspiré cette idée. Utile ou nuisible, il n'a pas à discuter: il n'a qu'à obéir à l'idée de son créateur. Ne nous arrêtons pas à cette explication — fruit des terreurs et de l'ignorance du sauvage. Passons.

D'autres (comme Hobbes) ont cherché à l'expliquer par la *loi*. Ce serait la *loi* qui aurait développé chez l'homme le sentiment du *juste* et de l'*injuste*, du *bien* et du *mal*. Nos lecteurs apprécieront eux-mêmes cette explication. Ils savent que la loi a simplement utilisé les sentiments sociaux de l'homme pour lui glisser, avec des préceptes de morale qu'il acceptait, des ordres utiles à la minorité des exploiteurs, contre lesquels il se rebiffait. Elle a perverti le sentiment de justice au lieu de le développer. Donc, passons encore.

Ne nous arrêtons pas non plus à l'explication des utilitaires. Ils veulent que l'homme agisse moralement par intérêt personnel, et ils oublient ses sentiments de solidarité avec la race entière, qui existent, quelle que soit leur origine. Il y a déjà un peu de vrai dans leur explication. Mais ce n'est pas encore la vérité entière. Aussi, allons plus loin.

C'est encore, et toujours, aux penseurs du dix-huitième siècle qu'il appartient d'avoir deviné, en partie du moins, l'origine du sentiment moral.

Dans un livre superbe, autour duquel la prêtraille a fait le silence et qui est en effet peu connu de la plupart des penseurs, même antireligieux, Adam Smith a mis le doigt sur la vraie origine du sentiment moral. Il ne va pas le chercher dans des sentiments religieux ou mystiques, — il le trouve dans le simple sentiment de sympathie.

Vous voyez qu'un homme bat un enfant. Vous savez que l'enfant battu souffre. Votre imagination vous fait ressentir vous-même le mal qu'on lui inflige; ou bien, ses pleurs, sa petite face souffrante vous le disent. Et, si vous n'êtes pas un lâche, vous vous jetez sur l'homme qui bat l'enfant, vous arrachez celui-ci à la brute.

Cet exemple, à lui seul, explique presque tous les sentiments moraux. Plus votre imagination est puissante, mieux vous pourrez vous imaginer ce que sent un être que l'on fait souffrir; et plus intense, plus délicat sera votre sentiment moral. Plus vous êtes entraîné à vous substituer à cet autre individu, et plus vous ressentirez le mal qu'on lui fait, l'injure qui lui a été adressée, l'injustice dont il a été victime — et plus vous serez poussé à agir pour empêcher le mal, l'injure ou l'injustice. Et plus vous serez habitué, par les circonstances, par ceux qui vous entourent, ou par l'intensité de votre propre pensée et de votre propre imagination à *agir* dans le sens où votre pensée et votre imagination vous poussent — plus ce sentiment moral grandira en vous, plus il deviendra *habitude*.

C'est là ce qu'Adam Smith développe avec un luxe d'exemples. Il était jeune lorsqu'il écrivit ce livre, infiniment supérieur à son œuvre sénile, « l'Economie Politique ». Libre de tout préjugé religieux, il chercha l'explication morale dans un fait physique de la nature humaine; et c'est pourquoi pendant un siècle la prêtraille en soutane ou sans soutane a fait le silence autour de ce livre.

La seule faute d'Adam Smith est de n'avoir pas compris que ce même sentiment de sympathie, passé à l'état d'habitude, existe chez les animaux tout aussi bien que chez l'homme.

N'en déplaise aux vulgarisateurs de Darwin, ignorant chez lui tout ce qu'il n'avait pas emprunté à Malthus, le sentiment de solidarité est le trait prédominant de la vie de tous les animaux qui vivent en sociétés. L'aigle dévore le moineau, le loup dévore les marmottes, mais les aigles et les loups s'aident entre eux pour chasser, et les moineaux et les marmottes se solidarisent si bien contre les animaux de proie que les maladroits seuls se laissent pincer. En toute société animale, la solidarité est une loi (un fait général) de la nature, infiniment plus importante que cette lutte pour l'existence dont les bourgeois nous chantent la vertu sur tous les refrains, afin de mieux nous abrutir.

Quand nous étudions le monde animal et que nous cherchons à nous rendre compte de la lutte pour l'existence soutenue par chaque être vivant contre les circonstances adverses et contre ses ennemis, nous constatons que plus le principe de solidarité égalitaire est développé dans une société animale et passé à l'état d'habitude, — plus elle a de chances de survivre et de sortir triomphante de la lutte contre les intempéries et contre ses ennemis. Mieux chaque membre de la société sent sa solidarité avec chaque autre membre de la société — mieux se développent, en eux tous, ces deux qualités qui sont les facteurs principaux de la victoire et de tout progrès — le courage d'une part, et d'autre part la libre initiative de l'individu. Et plus, au contraire, telle société animale ou tel petit groupe d'animaux perd ce sentiment de solidarité (ce qui arrive à la suite d'une misère exceptionnelle, ou bien à la suite d'une abondance exceptionnelle de nourriture), plus les deux autres facteurs du progrès — le courage et l'initiative individuelle — diminuent; ils finissent par disparaître, et la société, tombée en décadence, succombe devant ses ennemis. Sans confiance mutuelle, point de lutte possible; point de courage, point d'initiative, point de solidarité — et point de victoire! C'est la défaite assurée.

Nous reviendrons un jour sur ce sujet et nous pourrons démontrer avec luxe de preuves comment, dans le monde animal et humain, la loi de l'appui mutuel est la loi du progrès, et comment l'appui mutuel, ainsi que le courage et l'initiative individuelle qui en découlent, assurent la victoire à l'espèce qui sait mieux les pratiquer. Pour le moment, il nous suffira de constater ce fait. Le lecteur comprendra lui-même toute son importance pour la question qui nous occupe.

Que l'on s'imagine maintenant ce sentiment de solidarité agissant à travers les millions d'âges qui se sont succédé depuis que les premières ébauches d'animaux ont apparu sur le globe. Que l'on s'imagine comment ce sentiment peu à peu devenait habitude et se transmettait par l'hérédité, depuis l'organisme microscopique le plus simple jusqu'à ses descendants, — les insectes, les reptiles, les mammifères et l'homme, — et l'on comprendra l'origine du sentiment moral qui est une *nécessité* pour l'animal, tout comme la nourriture ou l'organe destiné à la digérer.

Voilà, sans remonter encore plus haut (car ici il nous faudrait parler des animaux compliqués, issus de *colonies* de petits êtres extrêmement simples), l'origine du sentiment moral. Nous avons dû être extrêmement court pour faire rentrer cette grande question dans l'espace de quelques petites pages, mais cela suffit déjà pour voir qu'il n'y a là rien de mystique ni de sentimental. Sans cette solidarité de l'individu avec l'espèce, le règne animal ne se serait jamais développé ni perfectionné. L'être le plus avancé sur la terre serait encore un de ces petits grumeaux qui nagent dans les eaux et qui s'aperçoivent à peine au microscope. Existerait-il même, car les premières agrégations de cellules ne sont-elles pas déjà un fait d'association dans la lutte?

VI

Ainsi nous voyons qu'en observant les sociétés animales, — non pas en bourgeois intéressé, mais en simple observateur intelligent —, on arrive à constater que ce principe: « Traite les autres comme tu aimerais à être traité par eux dans des circonstances analogues » se retrouve partout où il y a société.

Et quand on étudie de plus près le développement ou l'évolution du monde animal, on découvre (avec le zoologiste Kessler et l'économiste Tchernychevsky) que ce principe, traduit par un seul mot, Solidarité, a eu, dans le développement du règne animal, une part infiniment plus grande que toutes les adaptations pouvant résulter d'une lutte entre individus pour l'acquisition d'avantages personnels.

Il est évident que la pratique de la solidarité se rencontre encore plus dans les sociétés humaines. Déjà les sociétés des singes, les plus élevés dans l'échelle animale, nous offrent une pratique de la solidarité des plus frappantes. L'homme fait encore un pas dans cette voie, et cela seul lui permet de préserver sa race chétive au milieu des obstacles que lui oppose la nature et de développer son intelligence.

Quand on étudie les sociétés de primitifs, restés jusqu'à présent au niveau de l'âge de pierre, on voit dans leurs petites communautés la solidarité pratiquée au plus haut degré envers tous les membres de la communauté.

Voilà pourquoi ce sentiment, cette pratique de la solidarité, ne cessent jamais, pas même aux époques les plus mauvaises de l'histoire. Lors même que des circonstances temporaires de domination, de servitude, d'exploitation font méconnaître ce principe, il reste toujours dans la pensée du grand nombre, si bien qu'il amène une poussée contre les mauvaises institutions, une révolution. Cela se comprend : sans cela, la société devrait périr.

Pour l'immense majorité des animaux et des hommes, ce sentiment reste, et doit rester à l'état d'habitude acquise, de principe toujours présent à l'esprit, alors même qu'on le méconnaisse souvent dans les actes.

C'est toute l'évolution du règne animal qui parle en nous. Et elle est longue, très longue : elle compte des centaines de millions d'années.

Lors même que nous voudrions nous en débarrasser, nous ne le pourrions pas. Il serait plus facile à l'homme de s'habituer à marcher sur ses quatre pattes que de se débarrasser du sentiment moral. Il est antérieur, dans l'évolution animale, à la posture droite de l'homme.

Le sens moral est en nous une faculté naturelle, tout comme le sens de l'odorat et le sens du toucher.

Quant à la Loi et à la Religion qui, *elles aussi*, ont prêché ce principe, nous savons qu'elles l'ont simplement escamoté pour en couvrir leur marchandise — leurs prescriptions à l'avantage du conquérant, de l'exploiteur et du prêtre. Sans ce principe de solidarité dont la justesse est généralement reconnue, comment auraient-elles eu la prise sur les esprits ?

Elles s'en couvraient l'une et l'autre, tout comme l'autorité qui, elle aussi, réussit à s'imposer en se posant pour protectrice des faibles contre les forts.

En jetant par-dessus bord la Loi, la Religion et l'Autorité, l'humanité reprend possession du principe moral qu'elle s'était laissé enlever afin de le soumettre à la critique et de le purger des adultérations dont le prêtre, le juge et le gouvernant l'avaient empoisonné et l'empoisonnent encore.

Mais nier le principe moral *parce que* l'Eglise et la Loi l'ont exploité, serait aussi peu raisonnable que de déclarer qu'on ne se lavera jamais, qu'on mangera du porc infesté de trichines et qu'on ne voudra pas de la possession communale du sol, *parce que* le Coran prescrit de se laver chaque jour, *parce que* l'hygiéniste Moïse défendait aux Hébreux de manger le porc, ou *parce que* le Chariat (le supplément du Coran) veut que toute terre restée inculte pendant trois ans retourne à la communauté.

D'ailleurs, ce principe de traiter les autres comme on veut être traité soi-même, qu'est-il, sinon le principe même de l'Egalité, le principe fondamental de l'Anarchie? Et comment peut-on seulement arriver à se croire anarchiste sans le mettre en pratique?

Nous ne voulons pas être gouvernés. Mais, par cela même, ne déclarons-nous pas que nous ne voulons gouverner personne? Nous ne voulons pas être trompés, nous voulons qu'on nous dise toujours rien que la vérité. Mais, par cela même, ne déclarons-nous pas que nous-mêmes ne voulons tromper personne, que nous nous engageons à dire toujours la vérité, rien que la vérité, toute la vérité? Nous ne voulons pas qu'on nous vole les fruits de notre labeur ; mais, par cela même, ne déclarons-nous pas respecter les fruits du labeur d'autrui?

De quel droit, en effet, demanderions-nous qu'on nous traitât d'une certaine façon, en nous réservant de traiter les autres d'une façon tout à fait différente? Serions-nous, par hasard, cet « os blanc » des Kirghizes qui peut traiter les autres comme bon lui semble? Notre simple sentiment d'égalité se révolte à cette idée.

L'égalité dans les rapports mutuels et la solidarité qui en résulte nécessairement, — voilà l'arme, la plus puissante du monde animal dans la lutte pour l'existence. Et l'égalité c'est l'équité.

En nous déclarant anarchistes, nous proclamons d'avance que nous renonçons à traiter les autres comme nous ne voudrions pas être traités par eux; que nous ne tolérerons plus l'inégalité qui permettrait à quelques-uns d'entre nous d'exercer leur force, ou leur ruse, ou leur habileté, d'une façon qui nous déplairait à nous-mêmes. Mais l'égalité en tout — synonyme d'équité — c'est l'anarchie même. Au diable l'os blanc qui s'arroge le droit de tromper la simplicité des autres! Nous n'en voulons pas, et nous le supprimerons au besoin. Ce n'est pas seulement à cette trinité abstraite de Loi, de Religion et d'Autorité que nous déclarons la guerre. En devenant anarchistes, nous déclarons guerre à tout ce flot de tromperie, de ruse, d'exploitation, de dépravation, de vice — d'inégalité en un mot — qu'elles ont déversé dans les cœurs de nous tous. Nous déclarons guerre à *leur* manière d'agir, à *leur* manière de penser. Le gouverné, le trompé, l'exploité, la prostituée et ainsi de suite, blessent avant tout nos sentiments d'égalité. C'est au nom de l'Egalité que nous ne voulons plus ni prostituées, ni exploités, ni trompés, ni gouvernés.

On nous dira, peut-être, on l'a dit quelquefois : « Mais si vous pensez qu'il faille toujours traiter les autres comme vous voudriez être traité vous-même, de quel droit userez-vous de la force dans n'importe quelle circonstance? De quel droit braquer des canons contre des barbares, ou des civilisés, qui envahissent votre pays? De quel droit déposséder l'exploiteur? De quel droit tuer, non seulement un tyran, mais une simple vipère? »

De quel droit? Qu'entendez-vous par ce mot baroque, emprunté à la Loi? Voulez-vous savoir si j'aurai conscience de bien agir en faisant cela? Si ceux que j'estime trouveront que j'ai bien fait? Est-ce cela que vous demandez? En ce cas, notre réponse est simple.

Certainement oui! Parce que nous demandons qu'on nous tue, nous, comme des bêtes venimeuses, si nous allons faire une invasion au Tonkin ou chez des Zoulous qui ne nous ont jamais fait aucun mal. Nous disons à nos fils, à nos amis : « Tue-moi si je me mets jamais du parti de l'invasion ! »

Certainement oui! Parce que nous demandons qu'on nous dépossède, nous, si un jour, mentant à nos principes, nous nous emparons d'un héritage — serait-il tombé du ciel — pour l'employer à l'exploitation des autres.

Certainement oui. Parce que tout homme de cœur demande à l'avance qu'on le tue si jamais il devient vipère, qu'on lui plonge le poignard dans le cœur si jamais il prend la place d'un tyran détrôné.

Sur cent hommes ayant femme et enfants il y en aura quatre-vingt-dix qui, sentant l'approche de la folie (la perte du contrôle cérébral sur leurs actions), chercheront à se suicider de peur de faire du mal à ceux qu'ils aiment. Chaque fois qu'un homme de cœur se sent devenir dangereux à ceux qu'il aime, il veut mourir avant de l'être devenu.

Un jour, à Irkoutsk, un docteur polonais et un photographe sont mordus par un petit chien enragé. Le photographe se brûle la plaie au fer rouge; le médecin se borne à la cautériser. Il est jeune, beau, débordant de vie. Il venait de sortir du bagne auquel le gouvernement l'avait condamné pour son dévouement à la cause du peuple. Fort de son savoir et surtout de son intelligence, il faisait des cures merveilleuses; les malades l'adoraient.

Six semaines plus tard, il s'aperçoit que le bras mordu commence à enfler. Docteur lui-même, il ne pouvait s'y méprendre : c'était la rage qui venait. Il court chez un ami, docteur et exilé comme lui. — « Vite! je t'en prie, de la strychnine. Tu vois ce bras, tu sais ce que c'est? Dans une heure, ou moins, je serai pris de rage, je chercherai à te mordre, toi et les amis, ne perds pas de temps! de la strychnine : il faut mourir. »

Il se sentait devenir vipère : il demandait qu'on le tuât.

L'ami hésita ; il voulut essayer un traitement antirabique. A deux, avec une femme courageuse, ils se mirent à le soigner... et deux heures après, le docteur, écumant, se jetait sur eux, cherchant à les mordre; puis il revenait à soi, réclamait la strychnine — et rageait de nouveau. Il mourut en d'affreuses convulsions.

Que de faits semblables ne pourrions-nous pas citer, basés sur notre expérience! L'homme de cœur préfère mourir que de devenir la cause de maux pour les autres. Et c'est pourquoi il aura conscience de bien faire, et l'approbation de ceux qu'il estime le suivra s'il tue la vipère ou le tyran.

Pérovskaya et ses amis ont tué le tsar russe. Et l'humanité entière, malgré sa répugnance du sang versé, malgré ses sympathies pour un qui avait laissé libérer les serfs, leur a reconnu ce droit. — Pourquoi? Non pas qu'elle ait reconnu l'acte *utile* : les trois quarts en doutent encore; mais parce qu'elle a senti que pour tout l'or du monde, Pérovskaya et ses amis n'auraient pas consenti à devenir tyrans à leur tour. Ceux mêmes qui ignorent le drame en entier, sont assurés néanmoins que ce n'était pas là une bravade de jeunes gens, un crime de palais, ni la recherche du pouvoir; c'était la haine de la tyrannie jusqu'au mépris de soi-même, jusqu'à la mort.

« Ceux-là — s'est-on dit — avaient conquis le droit de tuer », comme on s'est dit de Louise Michel: « *Elle* avait le droit de piller », ou encore: « Eux, ils avaient le droit de voler », en parlant de ces terroristes qui vivaient de pain sec et qui volaient un million ou deux au trésor de Kichineff en prenant, au risque de périr eux-mêmes, toutes les précautions possibles pour dégager la responsabilité de la sentinelle qui gardait la caisse, baïonnette au canon.

Ce droit d'user de la force, l'humanité ne le refuse jamais à ceux qui l'ont conquis, — que ce droit soit usé sur les barricades ou dans l'ombre d'un carrefour. Mais, pour que tel acte produise une impression profonde sur les esprits, il faut *conquérir ce droit*. Sans cela, l'acte — utile ou non — resterait un simple fait brutal sans importance pour le progrès des idées. On n'y verrait qu'un déplacement de force, une simple substitution d'exploiteur à un autre exploiteur.

VII

Jusqu'à présent nous avons toujours parlé des actions conscientes, réfléchies, de l'homme (de celles que nous faisons en nous en rendant compte). Mais, à côté de la vie consciente, nous avons la vie inconsciente, infiniment plus vaste et trop ignorée autrefois. Cependant, il suffit d'observer la manière dont nous nous habillons le matin, en nous efforçant de boutonner un bouton que nous savons avoir perdu la veille, ou portant la main pour saisir un objet que nous avons déplacé nous-mêmes, pour avoir une idée de cette vie inconsciente et concevoir la part immense qu'elle joue dans notre existence.

Les trois quarts de nos rapports avec les autres sont faits de cette vie inconsciente. Notre manière de parler, de sourire ou de froncer les sourcils, de nous emporter dans la discussion ou de rester calme — tout cela nous le faisons sans nous en rendre compte, par simple habitude, soit héritée de nos ancêtres humains ou pré-humains (voyez seulement la ressemblance de l'expression de l'homme et de l'animal quand l'un et l'autre se fâchent), ou bien acquise, consciemment ou inconsciemment.

Notre manière d'agir envers les autres passe ainsi à l'état d'habitude. Et l'homme qui aura acquis le plus d'*habitudes morales*, sera certainement supérieur à ce bon chrétien qui prétend être toujours poussé par le diable à faire le mal et qui ne peut s'en empêcher qu'en évoquant les souffrances de l'enfer ou les joies du paradis.

Traiter les autres comme il aimerait à être traité lui-même, passe chez l'homme et chez tous les animaux sociables à l'état de simple *habitude*; si bien que généralement l'homme ne se demande même pas comment il doit agir dans telle circonstance. Il agit bien ou mal, sans réfléchir. Et ce n'est que dans des circonstances exceptionnelles, en présence d'un cas complexe ou sous l'impulsion d'une passion ardente, qu'il hésite et que les diverses parties de son cerveau (un organe très complexe, dont les parties diverses fonctionnent avec une certaine indépendance) entrent en lutte. Alors il se substitue en imagination à la personne qui est en face de lui; il se demande s'il lui plairait d'être traité de la même manière, et sa décision sera d'autant plus morale qu'il se sera mieux identifié à la personne dont il était sur le point de blesser la dignité ou les intérêts. Ou bien, un ami interviendra et lui dira : « Imagine-toi à sa place; est-ce que tu aurais souffert d'être traité par lui comme tu viens de le traiter? » Et cela suffit.

Ainsi l'appel au principe d'égalité ne se fait qu'en un moment d'hésitation, tandis que dans quatre-vingt-dix-neuf cas sur cent nous agissons moralement par simple habitude.

On aura certainement remarqué que dans tout ce que nous avons dit jusqu'à présent nous n'avons rien cherché à *imposer*. Nous avons simplement *exposé* comment les choses se passent dans le monde animal et parmi les hommes.

L'Eglise menaçait autrefois les hommes de l'enfer, pour moraliser, et on sait comment elle y a réussi : elle les démoralisait. Le juge menace du carcan, du fouet, du gibet, toujours au nom de ces mêmes principes de sociabilité qu'il a escamotés à la société; et il la démoralise. Et les autoritaires de toute nuance crient encore au péril social à l'idée que le juge peut disparaître de la terre en même temps que le prêtre.

Eh bien, nous ne craignons pas de renoncer au juge et à la condamnation. Nous renonçons même, avec Guyau, à toute espèce de sanction, à toute espèce d'obligation de la morale. Nous ne craignons pas de dire : « Fais ce que tu veux, fais comme tu veux » — parce que nous sommes persuadés que l'immense masse des hommes, à mesure qu'ils seront de plus en plus éclairés et se débarrasseront des entraves actuelles, fera et agira toujours dans une certaine direction utile à la société, tout comme nous sommes persuadés d'avance que l'enfant marchera un jour sur ses deux pieds et non sur ses quatre pattes, simplement parce qu'il est né de parents appartenant à l'espèce Homme.

Tout ce que nous pouvons faire, c'est de donner un *conseil*; et encore, tout en le donnant, nous ajoutons : — « Ce conseil n'aura de valeur que si tu reconnais toi-même par l'expérience et l'observation qu'il est bon à suivre. »

Quand nous voyons un jeune homme courber le dos et se resserrer ainsi la poitrine et les poumons, nous lui conseillons de se redresser et de tenir la tête haute et la poitrine grandement ouverte. Nous lui conseillons d'avaler l'air à pleins poumons, de les élargir, parce que, en cela, il trouvera la meilleure garantie contre la phtisie. Mais, en même temps, nous lui enseignons la physiologie, afin qu'il connaisse les fonctions des poumons et choisisse lui-même la posture qu'il saura être la meilleure.

C'est aussi tout ce que nous pouvons faire en fait de morale. Nous n'avons que le droit de donner un conseil, auquel nous devons encore ajouter : « Suis-le, *si* tu le trouves bon. »

Mais en laissant à chacun le droit d'agir comme bon lui semble; en niant absolument à la société le droit de punir qui que ce soit et de quelque façon que ce soit, pour quelque acte antisocial qu'il ait commis, — nous ne renonçons pas à notre capacité d'aimer ce qui nous semble bon, et de haïr ce qui nous semble mauvais. Aimer — et haïr; car il n'y a que ceux qui savent haïr qui sachent aimer. Nous nous réservons cela, et puisque cela seul suffit à chaque société animale pour maintenir et développer les sentiments moraux, cela suffira d'autant plus à l'espèce humaine.

Nous ne demandons qu'une chose, c'est à éliminer tout ce qui, dans la société actuelle, empêche le libre développement de ces deux sentiments, tout ce qui fausse notre jugement : l'État, l'Eglise, l'Exploitation; le juge, le prêtre, le gouvernement, l'exploiteur.

Aujourd'hui, quand nous voyons un Jacques l'Eventreur égorger à la file dix femmes des plus pauvres, des plus misérables, — et moralement supérieures aux trois quarts des riches bourgeoises — notre premier sentiment est celui de haine. Si nous le rencontrions le jour où il a égorgé cette femme qui voulait se faire payer par lui les six sous de son taudis, nous lui aurions logé une balle sous le crâne, sans réfléchir que la balle eût été mieux à sa place dans le crâne du propriétaire du taudis.

Mais quand nous nous ressouvenons de toutes les infamies qui l'ont amené, lui, à ces meurtres; quand nous pensons à ces ténèbres dans lesquelles il rôde, hanté par des images puisées dans des livres immondes ou par des pensées soufflées par des livres stupides, — notre sentiment se dédouble. Et le jour où nous saurons Jacques entre les mains d'un juge qui, lui, a froidement massacré dix fois plus de vies humaines, d'hommes, de femmes et d'enfants, que tous les Jacques; quand nous le saurons entre les mains de ces maniaques à froid, ou de ces gens qui envoient un Borras au bagne pour démontrer aux bourgeois qu'ils montent la garde autour d'eux — alors toute notre haine contre Jacques l'Eventreur disparaîtra. Elle se portera ailleurs. Elle se transforme en haine contre la société lâche et hypocrite, contre ses représentants reconnus. Toutes les infamies d'un éventreur disparaissent devant cette série séculaire d'infamies commises au nom de la Loi. C'est elle que nous haïssons.

Aujourd'hui, notre sentiment se dédouble continuellement. Nous sentons que nous tous, nous sommes plus ou moins volontairement ou involontairement les suppôts de cette société. Nous n'osons plus haïr.

Osons-nous seulement aimer? Dans une société basée sur l'exploitation et la servitude, la nature humaine se dégrade.

Mais, à mesure que la servitude disparaîtra, nous rentrerons dans nos droits. Nous nous sentirons la force de haïr et d'aimer, même dans des cas aussi compliqués que celui que nous venons de citer.

Quant à notre vie de tous les jours, nous donnons déjà libre cours à nos sentiments de sympathie ou d'antipathie ; nous le faisons déjà à chaque instant. Tous nous aimons la force morale et tous nous méprisons la faiblesse morale, la lâcheté. A chaque instant, nos paroles, nos regards et nos sourires expriment notre joie à la vue des actes utiles à la race humaine, de ceux que nous considérons comme bons. A chaque instant, nous manifestons par nos regards et nos paroles la répugnance que nous inspirent la lâcheté, la tromperie, l'intrigue, le manque de courage moral. Nous trahissons notre dégoût alors même que, sous l'influence d'une éducation de « savoir-vivre », c'est-à-dire d'hypocrisie, nous cherchons encore à cacher ce dégoût sous des dehors menteurs qui disparaîtront à mesure que des relations d'égalité s'établiront entre nous.

Eh bien, cela seul suffit déjà pour maintenir à un certain niveau la conception du bien et du mal et se l'imprégner mutuellement ; cela suffira d'autant mieux lorsqu'il n'y aura plus ni juge ni prêtre dans la société, — d'autant mieux que les principes moraux perdront tout caractère d'obligation et seront considérés comme de simples rapports naturels entre des égaux.

Et cependant, à mesure que ces rapports s'établissent, une conception morale encore plus élevée surgit dans la société et c'est cette conception que nous allons analyser.

VIII

Jusqu'à présent, dans toute notre analyse, nous n'avons fait qu'exposer de simples principes d'égalité. Nous nous sommes révolté, et nous avons invité les autres à se révolter contre ceux qui s'arrogent le droit de traiter autrui comme ils ne voudraient nullement être traités eux-mêmes ; contre ceux qui ne voudraient être ni trompés, ni exploités, ni brutalisés, ni prostitués, mais qui le font à l'égard des autres. Le mensonge, la brutalité et ainsi de suite, avons-nous dit, sont répugnants, non parce qu'ils sont désapprouvés par les codes de moralité — nous ignorons ces codes — ils sont répugnants parce que le mensonge, la brutalité, etc., révoltent les sentiments d'*égalité* de celui pour lequel l'égalité n'est pas un vain mot ; ils révoltent surtout celui qui est réellement anarchiste dans sa façon de penser et d'agir.

Mais, rien que ce principe si simple, si naturel et si évident — s'il était généralement appliqué dans la vie — constituerait déjà une morale très élevée, comprenant tout ce que les moralistes ont prétendu enseigner.

Le principe égalitaire résume les enseignements des moralistes. Mais il contient aussi quelque chose de plus. Et ce quelque chose est le respect de l'individu. En proclamant notre morale égalitaire et anarchiste, nous refusons de nous arroger le droit que les moralistes ont toujours prétendu exercer — celui de mutiler l'individu au nom d'un certain idéal qu'ils croyaient bon. Nous ne reconnaissons ce droit à personne; nous n'en voulons pas pour nous.

Nous reconnaissons la liberté pleine et entière de l'individu ; nous voulons la plénitude de son existence, le développement libre de toutes ses facultés Nous ne voulons rien lui imposer et nous retournons ainsi au principe que Fourier opposait à la morale des religions, lorsqu'il disait : Laissez les hommes absolument libres; ne les mutilez pas — les religions l'ont assez fait Ne craignez même pas leurs passions : dans une société *libre*, elles n'offriront aucun danger.

Pourvu que vous-même n'abdiquiez pas votre liberté; pourvu que vous-même ne vous laissiez pas asservir par les autres; et pourvu qu'aux passions violentes et antisociales de tel individu vous opposiez vos passions sociales, tout aussi vigoureuses. Alors vous n'aurez rien à craindre de la liberté (1).

Nous renonçons à mutiler l'individu au nom de n'importe quel idéal : tout ce que nous nous réservons, c'est de franchement exprimer nos sympathies et nos antipathies pour ce que nous trouvons bon ou mauvais. Un tel trompe-t-il ses amis? C'est sa volonté, son caractère? — Soit! Eh bien, c'est *notre* caractère, c'est *notre* volonté de mépriser le menteur! Et une fois que tel est notre caractère, soyons francs. Ne nous précipitons pas vers lui pour le serrer sur notre gilet et lui prendre affectueusement la main, comme cela se fait aujourd'hui! A sa passion active opposons la nôtre, tout aussi active et vigoureuse.

C'est tout ce que nous avons le droit et le devoir de faire pour maintenir dans la société le principe égalitaire. C'est encore le principe d'égalité, mis en pratique (2).

Tout cela, bien entendu, ne se fera entièrement que lorsque les grandes causes de dépravation : capitalisme, religion, justice, gouvernement, auront cessé d'exister. Mais cela peut se faire déjà en grande partie dès aujourd'hui. Cela se fait déjà.

Et cependant, si les sociétés ne connaissaient que ce principe d'égalité; si chacun, se tenant à un principe d'équité marchande, se gardait

(1) De tous les auteurs modernes, le Norvégien Ibsen, qu'on lira bientôt en France avec passion, comme on le lit déjà en Angleterre, a le mieux formulé ces idées dans ses drames. C'est encore un anarchiste sans le savoir.

(2) Nous entendons déjà dire : — « Et l'assassin? Et celui qui débauche les enfants? » — A cela notre réponse est courte. L'assassin qui tue simplement par soif de sang est *extrêmement* rare. C'est un malade à guérir ou à éviter. Quant au débauché, — veillons d'abord à ce que la société ne pervertisse pas les sentiments de nos enfants, alors nous n'aurons rien à craindre de ces messieurs.

à chaque instant de donner aux autres quelque chose en plus de ce qu'il reçoit d'eux — ce serait la mort de la société. Le principe même d'égalité disparaîtrait de nos relations, car pour le maintenir, il faut qu'une chose plus grande, plus belle, plus vigoureuse que la simple équité se produise sans cesse dans la vie.

Et cette chose se produit.

Jusqu'à présent, l'humanité n'a jamais manqué de ces grands cœurs qui débordaient de tendresse, d'esprit ou de volonté, et qui employaient leur sentiment, leur intelligence ou leur force d'action au service de la race humaine, sans rien lui demander en retour.

Cette fécondité de l'esprit, de la sensibilité ou de la volonté prend toutes les formes possibles. C'est le chercheur passionné de la vérité qui, renonçant à tous les autres plaisirs de la vie, s'adonne avec passion à la recherche de ce qu'il croit être vrai et juste, contrairement aux affirmations des ignorants qui l'entourent. C'est l'inventeur qui vit du jour au lendemain, oublie jusqu'à la nourriture et touche à peine au pain qu'une femme, qui se dévoue pour lui, lui fait manger comme à un enfant, tandis que lui poursuit son invention destinée, pense-t-il, à changer la face du monde. C'est le révolutionnaire ardent, auquel les joies de l'art, de la science, de la famille même, paraissent âpres tant qu'elles ne sont pas partagées par tous et qui travaille à régénérer le monde malgré la misère et les persécutions. C'est le jeune garçon qui, au récit des atrocités de l'invasion, prenant au mot les légendes de patriotisme qu'on lui soufflait à l'oreille, allait s'inscrire dans un corps franc, marchait dans la neige, souffrait la faim et finissait par tomber sous les balles.

C'est le gamin de Paris qui, mieux inspiré et doué d'une intelligence plus féconde, choisissant mieux ses aversions et ses sympathies, courait aux remparts avec son petit frère cadet, restait sous la pluie des obus et mourait en murmurant : « Vive la Commune! » C'est l'homme qui se révolte à la vue d'une iniquité, sans se demander ce qui en résultera et, alors que tous plient l'échine, démasque l'iniquité, frappe l'exploiteur, le petit tyran de l'usine, ou le grand tyran d'un empire. C'est enfin tous ces dévouements sans nombre, moins éclatants et pour cela inconnus, méconnus presque toujours, que l'on peut observer sans cesse, surtout chez la femme, pourvu que l'on veuille se donner la peine d'ouvrir les yeux et de remarquer ce qui fait le fond de l'humanité, ce qui lui permet encore de se débrouiller tant bien que mal, malgré l'exploitation et l'oppression qu'elle subit.

Ceux-là forgent, les uns dans l'obscurité, les autres sur une arène plus grande, les vrais progrès de l'humanité. Et l'humanité le sait. C'est pourquoi elle entoure leurs vies de respect, de légendes. Elle les embellit même et en fait les héros de ses contes, de ses chansons, de ses romans. Elle aime en eux le courage, la bonté, l'amour et le dévouement qui manquent au grand nombre. Elle transmet leur mémoire à ses enfants. Elle se souvient de ceux mêmes qui n'ont agi que dans le cercle étroit de la famille et des amis, en vénérant leur mémoire dans les traditions de famille.

Ceux-là font la vraie moralité, — la seule, d'ailleurs, qui soit digne de ce nom — le reste n'étant que de simples rapports d'égalité. Sans ces courages et ces dévouements, l'humanité se serait abrutie dans la vase des calculs mesquins. Ceux-là, enfin, préparent la moralité de l'avenir, celle qui viendra lorsque, cessant de *compter*, nos enfants grandiront dans l'idée que le meilleur usage de toute chose, de toute énergie, de tout courage, de tout amour, est là où le besoin de cette force se sent le plus vivement.

Ces courages, ces dévouements ont existé de tout temps. On les rencontre chez tous les animaux. On les rencontre chez l'homme, même pendant les époques de plus grand abrutissement.

Et, de tout temps, les religions ont cherché à se les approprier, à en battre monnaie à leur propre avantage. Et si les religions vivent encore, c'est parce que — à part l'ignorance — elles ont de tout temps fait appel précisément à ces dévouements, à ces courages. C'est encore à eux que font appel les révolutionnaires — surtout les révolutionnaires socialistes.

Quant à les expliquer, les moralistes religieux, utilitaires et autres, sont tombés, à leur égard, dans les erreurs que nous avons déjà signalées. Mais il appartient à ce jeune philosophe, Guyau, — ce penseur, anarchiste sans le savoir — d'avoir indiqué la vraie origine de ces courages et de ces dévouements, en dehors de toute force mystique, en dehors de tous ces calculs mercantiles bizarrement imaginés par les utilitaires de l'école anglaise. Là où la philosophie kantienne, positiviste et évolutionniste ont échoué, la philosophie anarchiste a trouvé le vrai chemin.

Leur origine, a dit Guyau, *c'est le sentiment de sa propre force. C'est la vie qui déborde, qui cherche à se répandre.* « Sentir intérieurement ce qu'on est *capable* de faire, c'est par là même prendre la première conscience de ce qu'on a le *devoir* de faire. »

Le sentiment moral du *devoir*, que chaque homme a senti dans sa vie et que l'on a cherché à expliquer par tous les mysticismes, « le devoir n'est autre chose qu'une surabondance de vie qui demande à s'exercer, à se donner; c'est en même temps le sentiment d'une puissance ».

Toute force qui s'accumule crée une pression sur les obstacles placés devant elle. *Pouvoir* agir, c'est *devoir* agir. Et toute cette « obligation » morale dont on a tant parlé et écrit, dépouillée de tout mysticisme, se réduit ainsi à cette conception vraie : *la vie ne peut se maintenir qu'à condition de se répandre.*

« La plante ne peut pas s'empêcher de fleurir. Quelquefois, fleurir, pour elle, c'est mourir. N'importe, la sève monte toujours! » conclut le jeune philosophe anarchiste.

Il en est de même pour l'être humain lorsqu'il est plein de force et d'énergie. La force s'accumule en lui. Il répand sa vie. Il donne sans compter — sans cela il ne vivrait pas. Et s'il doit périr, comme la fleur en s'épanouissant — n'importe! La sève monte, si sève il y a.

Sois fort! Déborde d'énergie passionnelle et intellectuelle — et tu déverseras sur les autres ton intelligence, ton amour, ta force d'action! — Voilà à quoi se réduit tout l'enseignement moral, dépouillé des hypocrisies de l'ascétisme oriental.

IX

Ce que l'humanité admire dans l'homme vraiment moral, c'est sa force, c'est l'exubérance de la vie, qui le pousse à donner son intelligence, ses sentiments, ses actes, sans rien demander en retour.

L'homme fort de pensée, l'homme qui déborde de vie intellectuelle, cherche naturellement à se répandre. Penser, sans communiquer sa pensée aux autres, n'aurait aucun attrait. Il n'y a que l'homme pauvre d'idées qui, après en avoir déniché une avec peine, la cache soigneusement pour lui apposer plus tard l'estampille de son nom. L'homme fort d'intelligence déborde de pensées: il les sème à pleines mains. Il souffre s'il ne peut les partager, les semer aux quatre vents : c'est là sa *vie*.

Il en est de même pour le sentiment. — « Nous ne sommes pas assez pour nous-mêmes : nous avons plus de larmes qu'il n'en faut pour nos propres souffrances, plus de joies en réserve que n'en justifie notre propre existence », a dit Guyau, résumant ainsi toute la question de moralité en quelques lignes si justes, prises sur la nature. L'être solitaire souffre, il est pris d'une certaine inquiétude, parce qu'il ne peut partager sa pensée, ses sentiments avec les autres. Quand on ressent un grand plaisir, on voudrait faire savoir aux autres qu'on existe, qu'on sent, qu'on aime, que l'on vit, qu'on lutte, que l'on combat.

En même temps, nous sentons le besoin d'exercer notre volonté, notre force d'action. Agir, travailler est devenu un besoin pour l'immense majorité des hommes; si bien que lorsque des conditions absurdes éloignent l'homme ou la femme du travail utile, ils inventent des travaux, des obligations futiles et insensées pour ouvrir un champ quelconque à leur force d'action. Ils inventent n'importe quoi — une théorie, une religion, un « devoir social » — pour se persuader qu'ils font quelque chose d'utile. Quand ils dansent — c'est pour la charité; quand ils se ruinent par leurs toilettes — c'est pour maintenir l'aristocratie à sa hauteur; quand ils ne font rien du tout — c'est par principe.

« On a *besoin* d'aider autrui, de donner son coup d'épaule au coche qu'entraîne péniblement l'humanité; en tout cas on bourdonne autour », dit Guyau. Ce besoin de donner son coup d'épaule est si grand qu'on le retrouve chez tous les animaux sociables, si inférieurs qu'ils soient. Et toute cette immense activité qui chaque jour se dépense si inutilement en politique, qu'est-ce, sinon le besoin de donner son coup d'épaule au coche ou de bourdonner autour?

Certainement, cette « fécondité de la volonté », cette soif d'action quand elle n'est accompagnée que d'une sensibilité pauvre et d'une intelligence incapable de *créer*, ne donnera qu'un Napoléon Ier ou un Bismarck — des toqués qui voulaient faire marcher le monde à rebours. D'autre part, une fécondité de l'esprit, dénuée cependant de sensibilité bien développée, donnera ces fruits secs, les savants, qui ne font qu'arrêter le progrès de la science. Et enfin la sensibilité non guidée par une intelligence assez vaste produira ces femmes prêtes à tout sacrifier à une brute quelconque sur laquelle elles versent tout leur amour.

Pour être réellement féconde, la vie doit l'être en intelligence, en sentiment et en volonté à la fois. Mais alors, cette fécondité dans toutes les directions c'est la *vie* : la seule chose qui mérite ce nom. Pour un moment de cette vie, ceux qui l'ont entrevue donnent des années d'existence végétative. Sans cette vie débordante, on n'est qu'un vieillard avant l'âge, un impuissant, une plante qui se dessèche sans jamais avoir fleuri.

« Laissons aux pourritures fin de siècle cette vie qui n'en est pas une » — s'écrie la jeunesse, la vraie jeunesse pleine de sève qui veut vivre et semer la vie autour d'elle. Et chaque fois qu'une société tombe en pourriture, une poussée venue de cette jeunesse brise les vieux moules économiques, politiques, moraux pour faire germer une vie nouvelle. Qu'importe si un tel ou tel autre tombe dans la lutte! La sève monte toujours. Pour lui, vivre c'est fleurir, quelles qu'en soient les conséquences! Il ne les regrette pas.

Mais, sans parler des époques héroïques de l'humanité, et en prenant la vie de tous les jours — est-ce une vie que de vivre en désaccord avec son idéal?

De nos jours on entend dire souvent que l'on se moque de l'idéal. Cela se comprend. On a si souvent confondu l'idéal avec la mutilation bouddhiste ou chrétienne; on a si souvent employé ce mot pour tromper les naïfs, que la réaction est nécessaire et salutaire. Nous aussi nous aimerions remplacer ce mot « idéal », couvert de tant de souillures, par un mot nouveau plus conforme aux idées nouvelles.

Mais, quel que soit le mot, le fait est là : chaque être humain a son idéal. Bismarck a le sien, si fantastique qu'il soit : le gouvernement par le fer et le feu. Chaque bourgeois a le sien, — ne serait-ce que la baignoire d'argent de Gambetta, le cuisinier Trompette, et beaucoup d'esclaves pour payer Trompette et la baignoire sans trop se faire tirer l'oreille.

Mais à côté de ceux-là, il y a l'être humain qui a conçu un idéal supérieur. Une vie de brute ne peut pas le satisfaire. La servilité, le mensonge, le manque de bonne foi, l'intrigue, l'inégalité dans les rapports humains le révoltent. Comment peut-il devenir servile, menteur, intrigant, dominateur à son tour? Il entrevoit combien la vie serait belle si des rapports meilleurs existaient entre tous; il se sent la force de ne pas manquer, lui, à établir ces meilleurs rapports avec ceux qu'il rencontrera dans son chemin. Il conçoit ce que l'on a appelé l'idéal.

D'où vient cet idéal? Comment se façonne-t-il, par l'hérédité d'une part et les impressions de la vie d'autre part? Nous le savons à peine. Tout au plus pourrions-nous en faire, dans nos biographies, une histoire plus ou moins vraie. Mais il est là — variable, progressif, ouvert aux influences du dehors, mais toujours vivant. C'est une sensation, inconsciente en partie, de ce qui nous donnera la plus grande somme de vitalité, la jouissance d'être.

Eh bien, la vie n'est vigoureuse, féconde, riche en sensations, qu'à condition de répondre à cette sensation de l'idéal. Agissez *contre* cette sensation, et vous sentez votre vie se dédoubler; elle n'est plus *une*, elle perd de sa vigueur. Manquez souvent à votre idéal, et vous finissez par paralyser votre volonté, votre force d'action. Bientôt vous ne retrouvez plus cette vigueur, cette spontanéité de décision que vous vous connaissiez jadis. Vous êtes un être brisé.

Rien de mystérieux là-dedans, une fois que vous envisagez l'homme comme un composé de centres nerveux et cérébraux agissant indépendamment. Flottez entre les divers sentiments qui luttent en vous, et vous arriverez bientôt à rompre l'harmonie de l'organisme, vous serez un malade sans volonté. L'intensité de la vie baissera et vous aurez beau chercher des compromis : vous ne serez plus l'être complet, fort, vigoureux que vous étiez lorsque vos actes se trouvaient en accord avec les conceptions idéales de votre cerveau.

X

Et maintenant, disons, avant de terminer, un mot de ces deux termes, issus de l'école anglaise — *altruisme et égoïsme*, dont on nous écorche continuellement les oreilles.

Jusqu'à présent nous n'en avons même pas parlé dans cette étude. C'est que nous ne voyons même pas la distinction que les moralistes anglais ont cherché à introduire.

Quand nous disons : « Traitons les autres comme nous voulons être traités nous-mêmes » — est-ce de l'égoïsme ou de l'altruisme que nous recommandons? Quand nous nous élevons plus haut et que nous disons : « Le bonheur de chacun est intimement lié au bonheur de tous ceux qui l'entourent. On peut avoir par hasard quelques années de bonheur relatif dans une société basée sur le malheur des autres; mais ce bonheur est bâti sur le sable. Il ne peut pas durer; la moindre des choses suffit pour le briser; et il est misérablement petit en comparaison du bonheur possible dans une société d'égaux. Aussi, chaque fois que tu viseras le bien de tous, tu agiras bien; » quand nous disons cela, est-ce de l'altruisme ou de l'égoïsme que nous prêchons? Nous constatons simplement un fait.

Et quand nous ajoutons, en paraphrasant une parole de Guyau : « Sois fort; sois *grand* dans tous tes actes; développe ta vie dans toutes les directions; sois aussi riche que possible en énergie, et pour cela sois l'être le plus social et le plus sociable, — *si* tu tiens à jouir d'une vie pleine, entière et féconde. Guidé toujours par une intelligence richement développée, lutte, risque, — le risque a ses jouissances immenses — jette tes forces sans les compter, tant que tu en as, dans tout ce que tu sentiras être beau et grand — et alors tu auras joui de la plus grande somme possible de bonheur. Sois *un* avec les masses, et alors, quoi qu'il t'arrive dans la vie, tu sentiras battre *avec* toi précisément les cœurs que tu estimes, et battre *contre* toi ceux que tu méprises! » Quand nous disons cela, est-ce de l'altruisme ou de l'égoïsme que nous enseignons?

Lutter, affronter le danger; se jeter à l'eau pour sauver, non seulement un homme, mais un simple chat; se nourrir de pain sec pour mettre fin aux iniquités qui vous révoltent; se sentir d'accord avec ceux qui méritent d'être aimés, se sentir aimé par eux — pour un philosophe infirme, tout cela est peut-être un sacrifice. Mais pour l'homme et la femme pleins d'énergie, de force, de vigueur, de jeunesse, c'est le plaisir de se sentir *vivre*.

Est-ce de l'égoïsme? Est-ce de l'altruisme?

En général, les moralistes qui ont bâti leurs systèmes sur une opposition prétendue entre les sentiments égoïstes et les sentiments altruistes ont fait fausse route. Si cette opposition existait en réalité, si le bien de l'individu était réellement opposé à celui de la société, l'espèce humaine n'aurait pu exister; aucune espèce animale n'aurait pu atteindre son développement actuel. Si les fourmis ne trouvaient un plaisir intense à travailler toutes, pour le bien-être de la fourmilière, la fourmilière n'existerait pas, et la fourmi ne serait pas ce qu'elle est aujourd'hui : l'être le plus développé parmi les insectes, un insecte dont le cerveau, à peine perceptible sous le verre grossissant, est presque aussi puissant que le cerveau moyen de l'homme. Si les oiseaux ne trouvaient pas un plaisir intense dans leurs migrations, dans les soins qu'ils donnent à élever leur progéniture, dans l'action commune pour la défense de leurs sociétés contre les oiseaux rapaces, l'oiseau n'aurait pas atteint le développement auquel il est arrivé. Le type de l'oiseau aurait rétrogradé, au lieu de progresser.

Et quand Spencer prévoit un temps où le bien de l'individu se *confondra* avec le bien de l'espèce, il oublie une chose : c'est que si les deux *n'avaient pas toujours été identiques*, l'évolution même du règne animal n'aurait pu s'accomplir.

Ce qu'il y a eu de tout temps, c'est qu'il s'est toujours trouvé, dans le monde animal comme dans l'espèce humaine, un grand nombre d'individus qui *ne comprenaient pas* que le bien de l'individu et celui de l'espèce sont, au fond, identiques. Ils ne comprenaient pas que *vivre* d'une vie intense étant le but de chaque individu, il trouve la plus grande intensité de la vie dans la plus grande sociabilité, dans la plus parfaite identification de soi-même avec tous ceux qui l'entourent.

Mais ceci n'était qu'un manque d'intelligence, un manque de compréhension. De tout temps il y a eu des hommes bornés; de tout temps il y a eu des imbéciles. Mais jamais, à aucune époque de l'histoire, ni même de la géologie, le bien de l'individu n'a été opposé à celui de la société. De tout temps ils restaient identiques, et ceux qui l'ont le mieux compris ont toujours joui de la vie la plus complète.

La distinction entre l'égoïsme et l'altruisme est donc absurde à nos yeux. C'est pourquoi nous n'avons rien dit, non plus, de ces *compromis* que l'homme, à en croire les utilitariens, ferait toujours entre ses sentiments égoïstes et ses sentiments altruistes. Ces compromis n'existent pas pour l'homme convaincu.

Ce qui existe, c'est que réellement, dans les conditions actuelles, alors même que nous cherchons à vivre conformément à nos principes égalitaires, nous les sentons froissés à chaque pas. Si modestes que soient notre repas et notre lit, nous sommes encore des Rothschild en comparaison de celui qui couche sous les ponts et qui manque si souvent de pain sec. Si peu que nous donnions aux jouissances intellectuelles et artistiques, nous sommes encore des Rothschild en comparaison des millions qui rentrent le soir, abrutis par le travail manuel, monotone et lourd, qui ne peuvent pas jouir de l'art et de la science et mourront sans jamais avoir connu ces hautes jouissances.

Nous sentons que nous n'avons pas poussé le principe égalitaire jusqu'au bout. Mais nous ne voulons pas faire de *compromis* avec ces conditions. Nous nous révoltons contre elles. Elles nous pèsent. Elles nous rendent révolutionnaires. Nous ne nous accommodons pas de ce qui nous révolte. Nous répudions tout compromis, tout armistice même, et nous nous promettons de lutter à outrance contre ces conditions.

Ceci n'est pas un compromis; et l'homme convaincu n'en veut pas qui lui permette de dormir tranquille en attendant que cela change de soi-même.

Nous voilà enfin au bout de notre étude.

Il y a des époques, avons-nous dit, où la conception morale change tout à fait. On s'aperçoit que ce que l'on avait considéré comme moral est de la plus profonde immoralité. Ici, c'était une coutume, une tradition vénérée, mais immorale dans le fond. Là, on ne trouve qu'une morale faite à l'avantage d'une seule classe. On les jette par-dessus bord, et l'on s'écrie : « A bas la morale! » On se fait un devoir de faire des actes immoraux.

Saluons ces époques. Ce sont des époques de critique. Elles sont le signe le plus sûr qu'il se fait un grand travail de pensée dans la société. C'est l'élaboration d'une morale supérieure.

Ce que sera cette morale, nous avons cherché à le formuler en nous basant sur l'étude de l'homme et des animaux. Et nous avons vu la morale qui se dessine déjà dans les idées des masses et des penseurs.

Cette morale n'ordonnera rien. Elle refusera absolument de modeler l'individu selon une idée abstraite, comme elle refusera de le mutiler par la religion, la loi et le gouvernement. Elle laissera la liberté pleine et entière à l'individu. Elle deviendra une simple constatation de faits, une science.

Et cette science dira aux hommes : Si tu ne sens pas en toi la force, si tes forces sont juste ce qu'il faut pour maintenir une vie grisâtre, monotone, sans fortes impressions, sans grandes jouissances, mais aussi sans grandes souffrances, eh bien, tiens-t'en aux simples principes de l'équité égalitaire. Dans des relations égalitaires, tu trouveras, à tout prendre, la plus grande somme de bonheur possible, étant données tes forces médiocres.

Mais si tu sens en toi la force de la jeunesse, si tu veux vivre, si tu veux jouir de la vie entière, pleine, débordante — c'est-à-dire connaître la plus grande jouissance qu'un être vivant puisse désirer — sois fort, sois grand, sois énergique dans tout ce que tu feras.

Sème la vie autour de toi. Remarque que tromper, mentir, intriguer, ruser, c'est t'avilir, te rapetisser, te reconnaître faible d'avance, c'est faire comme l'esclave du harem qui se sent inférieure à son maître. Fais-le si cela te plaît, mais alors sache d'avance que l'humanité te considérera petit, mesquin, faible, et te traitera en conséquence. Ne voyant pas ta force, elle te traitera comme un être qui mérite de la compassion — de la compassion seulement. Ne t'en prends pas à l'humanité si toi-même tu paralyses ainsi ta force d'action.

Sois fort, au contraire. Et une fois que tu auras vu une iniquité et que tu l'auras comprise, — une iniquité dans la vie, un mensonge dans la science, ou une souffrance imposée par un autre — révolte-toi contre l'iniquité, le mensonge et l'injustice. Lutte! La lutte c'est la vie d'autant plus intense que la lutte sera plus vive. Et alors tu auras vécu, et pour quelques heures de cette vie tu ne donneras pas des années de végétation dans la pourriture du marais.

Lutte pour permettre à tous de vivre de cette vie riche et débordante, et sois sûr que tu trouveras dans cette lutte des joies si grandes que tu n'en trouverais pas de pareilles dans aucune autre activité.

C'est tout ce que peut te dire la science de la morale. A toi de choisir.

Paris. — Imprimerie Charles Blot, 7, rue Bleue.

EN VENTE AUX TEMPS NOUVEAUX.

Bibliographie anarchiste, *par Nettlau* . . . . 5 »

Volumes de chez Stock :

La Conquête du pain, *par Kropotkine* 2 75
L'Anarchie, son idéal, *par Kropotkine*. . . . . » 60
Œuvres *de Bakounine*. 2 75
La Société future, *par J. Grave* 2 75
La Grande Famille, roman militaire, *par J. Grave* 2 75
L'Individu et la Société, *par J. Grave*. 2 75
Biribi, *de Darien* 2 75
Bas les cœurs! *de Darien*. 2 75
Sous-offs, *de Descaves* 2 75
Psychologie de l'anarchiste socialiste, *par A. Hamon*. . . 2 75
Psychologie du militaire professionnel, *par A. Hamon*. . 2 75
L'Inquisition en Espagne, *par Tarrida del Marmol* 2 75
Le Socialisme en danger, *par Domela Nieuwenhuis*. 2 75
Evolution et Révolution, *par Elisée Reclus*. 2 75
Fabrique de pions, *par Zéphyrin Raganasse* 2 75
La Commune, *par L. Michel* 2 75
L'Instituteur, roman, *par Th. Chèze*. 2 75

De chez Flammarion :

Les Paroles d'un révolté, *par Kropotkine* 1 25
Les Croix et les Glaives, *par Th. Jean* 2 75

De chez Schleicher frères (Reinwald) :

Les Religions, *d'André Lefèvre* . . . . 6 »
Force et Matière, *par Buchner* . . . . 6 »
Science et Matérialisme, *par Letourneau* . . . . 5 »

De chez Alcan :

Les Mensonges conventionnels de la civilisation, *par Nordau* . . . . 5 »
Les Gaspillages des sociétés modernes, *par Novicow*. . . . 5 »
La Morale sans sanction ni obligation, *par Guyau*. . . . . 5 »

De chez Dentu :

Le Primitif de l'Australie, *par E. Reclus* 2 75

De chez Charpentier :

Au Port d'armes, *par Henry Fèvre* 2 75
Souvenirs d'un matelot, *par Georges Hugo* 3 25
La Mêlée sociale, *par G. Clémenceau* 3 25
Le Grand Pan, *par G. Clémenceau* 3 25
Les Tisserands, drame, *par G. Hauptmann* . . . . 4 »

De chez Ollendorff :

Le Calvaire, *par Mirbeau* 3 25

98-407. PARIS. — IMPRIMERIE CHARLES BLOT, 7, RUE BLEUE.

www.ingramcontent.com/pod-product-compliance
Ingram Content Group UK Ltd.
Pitfield, Milton Keynes, MK11 3LW, UK
UKHW012305240726
13966UKWH00004B/1657